www.tredition.de

AF186371

Anne-Marie Bruch

Psychopathen, Hedonisten, Machos, Snobs und Idealisten

Gedichte

www.tredition.de

© 2019 Anne-Marie Bruch
Titelfoto: Anne-Marie Bruch

Verlag und Druck: tredition GmbH, Halenreie 40-44, 22359 Hamburg

ISBN
Paperback: 978-3-7497-9117-0
Hardcover: 978-3-7497-9118-7
e-Book: 978-3-7497-9119-4

DRANGSAL

„Ordnung ist das halbe Leben",
denkt sich ein Mensch und bleibt dabei
zu ordnen, was ihm ist gegeben,
denn Ordnung macht den Menschen frei.

Ein anderer, auch im Freiheitsdrange,
pfeift auf die Regel, ungeniert,
und in des Gefühles Überschwange
er Unordnung noch kultiviert.

Nur einmal sich Bedenken regen,
ob es der Weisheit letzter Schluss,
zu meiden strikt auf allen Wegen
Pflicht, Leistung, Fleiß und Ordnungslust.

Entschlossen geht der Mensch zu Werke,
holt aus zu dem Befreiungsschlag,
kämpft sich beherzt durch Chaosberge
mit Seufzern, Flüchen, Müh' und Plag.

Doch alsbald streiken ihm die Hände,
den Sinn des Tuns er prompt verliert,
als Sklave seiner Zimmerwände
er auf der Stelle resigniert.

„Ordnung ist das halbe Leben",
spricht er zu sich, „doch nicht für mich",
lässt alles, was ihm ist gegeben
in Zukunft ruhen – und rettet sich.

Der andere, dem die Ordnung heilig,
gibt weiter sich der Drangsal hin,
denkt manchmal nur: „O Gott, wie peinlich,
das halbe Leben ist dahin."

UNGESAGT

Ein Mensch gibt sich sehr eloquent,
verkehrt in feinsten Kreisen
als hochgeschätztes Sprachtalent,
packt an auch heiße Eisen.

Ob Politik, ob Literatur,
stets findet er die Worte,
sehr wohlgeschliffen, klar und pur,
von treffend sicherer Sorte.

Doch leider gibt es ein Problem,
der Mensch daran fast scheitert,
ist's doch für ihn sehr unbequem,
die andern es erheitert.

Denn – spricht der Mensch in kleinstem Kreis,
bestehend aus vier Augen,
er plötzlich nicht mehr weiter weiß,
die Worte wenig taugen.

So sehr ihm auch die Zunge brennt,
der Mensch sich plagt und plagt
zu überwinden, was ihn hemmt,
das, was er fühlt, bleibt ungesagt.

WIE DU MIR, SO ICH DIR

Ein Mensch zieht gern durch den Kakao
den, der ihm nicht sympathisch,
egal, ob Kind, ob Mann, ob Frau,
er tut es ganz fanatisch.

Fühlt sich der andere dann blamiert,
kakaobefleckt die Weste,
treibt er's noch weiter, ungeniert,
mit schadenfroher Geste.

So macht der Mensch sich schnell zum Feind
den, der ihm einst gewogen,
wird bald vom allerbesten Freund
selbst durch den Kakao gezogen.

Er merkt es erst, als es zu spät,
kriecht schmollend in die Ecke,
schluckt den Kakao, so gut es geht,
starrt hoch zur Zimmerdecke.

Humor ist, wenn man trotzdem lacht,
der Mensch indes hat's eilig,
kauft sich Kakao im Doppelpack,
denn Rache ist ihm heilig.

IM RAD DER ZEIT

Ein Mensch mit einem Affenzahn
durchs Leben hetzt im Tempowahn,
stets startbereit, schnell wie der Blitz,
weil ihm die Zeit im Nacken sitzt.

Doch irgendwann passiert es prompt,
der Mensch mal aus der Puste kommt,
und Schuld daran, weiß jedermann,
hat der verrückte Affenzahn.

Wer einmal hängt in seinen Krallen,
den lässt er nicht so einfach fallen,
der Mensch, von Leidenschaft gepackt,
gibt Gas, bis er zusammensackt.

Der Affenzahn kein bisschen trauert,
schon auf den nächsten Menschen lauert,
beißt sich ganz schnell an diesem fest
und startet durch – man kennt den Rest.

NEUE SICHTWEISE

Ein Mensch nach Optimierung trachtet,
weil er sein Spiegelbild verachtet,
das ihn tagtäglich drangsaliert,
ihn mit der Höckernase konfrontiert.

„Wie wär's, wenn ich sie ändern ließe?"
fragt er sein Eheweib Luise,
und diese meint ganz unverfroren:
„Mach gleich auch noch die Segelohren."

So motiviert und rückversichert,
derweil sein Weib nur hämisch kichert,
beschließt der Mensch, ein Mann der Tat,
zu tun, worauf er lang gespart.

„Ein Waschbrettbauch müsst auch noch her,
Herr Doktor, schaun's doch, bitte sehr,
und wenn Sie einmal sind dabei,
könnt' auch der Po geliftet sein.

Fettabsaugung nicht zu wenig,
gleich würd' ich fühlen mich als König,
und Faltenunterspritzung bitte,
vor allem in der Körpermitte.

Und dann, in dem Gesamtpaket,
da wär's vielleicht noch nicht zu spät,
zu bringen schnellstens um die Ecke
Schlupflider und auch Tränensäcke."

Das Update scheint vollauf geglückt,
der Mensch darauf jauchzt höchst entzückt:
„Ich fühl' mich jung wie dazumal,
nur die Luise kann mich mal."

KOORDINATION

Ein Mensch sehr gern das Tanzbein schwingt,
voll Lust und Sinnesregung,
selbst wenn er es zur Ruhe zwingt,
will es nur eins – Bewegung.

Ob Walzer, Tango, Rock `n Roll,
Quickstep und Polonaise,
das Bein tanzt flott in Dur und Moll,
liebt Parties, Spaß, Getöse.

Doch wie man weiß, der Mensch hat zwei,
ein rechtes und ein linkes,
dem rechten Bein ist's einerlei,
so gut wie nie gelingt es.

Die Qual geht schon am Morgen los,
das Tanzbein hat es eilig,
der Mensch fragt sich: „Was mach' ich bloß?"
Und steppt gleich los, scheinheilig.

Doch ach, o weh, das zweite Bein
hasst Cha-Cha-Cha und Boogie,
tanzt Twist und Blues nur so zum Schein,
dreht durch bei Boogie-Woogie.

Der Mensch alsbald ein Machtwort spricht
und sehr besonnen handelt,
ist er doch selbst darauf erpicht,
dass dieses Bein sich wandelt.

Geduld und Fleiß, ein Quäntchen Glück,
das sind die guten Geister,
und last not least ein kleiner Trick,
nur Übung macht den Meister.

Wo Wille ist, da ist ein Weg,
zwar oftmals krumm und steinig,
der Mensch, zur Hälfte steif und träg',
tanzt jetzt gekonnt – zweibeinig.

PFLICHTLEKTÜRE

Es wandelt treu auf Goethes Spuren
ein Mensch, auf Literatur erpicht,
wie im Koran liest er die Suren
in Goethes „Faust", der für ihn Pflicht.

„Das größte Machwerk aller Zeiten!"
schwärmt dieser Mensch voll Euphorie,
„und das geschrieben schon beizeiten,
vor 200 Jahren, welch ein Genie!

Wozu sich quälen und studieren
Jurisprudenz und Philosophie?
Man liest den Stoff und wird kapieren
den Sinn der Welt wie zuvor nie.

Jugend, Schönheit, Sex, Moneten,
die Handlung wirft sie alle auf
die Fragen unseres Erdplaneten,
der Herr Geheimrat ließ nichts aus.

Und wenn der Mephistopheles,
der hinterlistige Held,
mit Doktor Faust spricht Tacheles,
weißt du sofort, was diese Welt
im Innersten zusammenhält."

So spricht der Mensch und setzt sich nieder,
zu schwelgen in dem Text allein
für sich, genießt und denkt sich immer wieder:
„Hier bin ich Mensch, hier darf ich's sein!"

KONSUMVERZICHT

„Mich wirft so schnell nichts aus der Bahn"
so spricht ein Mensch im Größenwahn,
frönt dem Genuss ganz ohne Buße,
lebt ungeniert auf großem Fuße.

Ein anderer liebt es sehr asketisch,
vertritt sein Credo höchst pathetisch:
„Vom Hab und Gut, das man halbiert,
mit anderen teilt, man profitiert.

Denn Geben, das macht froh und selig,
schenkt Glücksgefühle dir auf ewig,
wenn du wirfst ab Wohlstandsballast,
du mehr Substanz im Leben hast.

Auf innere Werte kommt es an,
die du dann pflegst als freier Mann,
anstatt den ganzen Tag zu shoppen,
fängst an du, dein Gehirn zu toppen.

Und wenn mit Überzeugungskraft
du Einfluss auf den Menschen hast,
ihn zum Totalverzicht bekehrst,
wirst du als Revolutionär verehrt."

Der erste fröhlich konsumiert,
der zweite den Konsum negiert,
doch mancher, der ihn kennt, sich denkt:
„Der Mund schon stark nach unten hängt."

EMANZIPIERT

Es stellt ein Mensch sich gern zur Schau
als supercoole, toughe Frau,
sieht in der Weiblichkeit null Sinn,
trägt Kleidung streng und maskulin.

So kommt es, dass in Chefetagen
die Frau so manchen bringt in Rage,
der gern die Pfeife überhört,
nach der zu tanzen sie begehrt.

Die Reaktionen eskalieren,
die Seiten nun am Tau fest ziehen,
doch meist am längeren Hebel sitzt
die Frau, die einfach mehr gewitzt.

„Wenn Frauen zu Emanzen werden,
kann nichts mehr aus Romanzen werden“,
so hört man im Betrieb oft raunen.
Die Männerwelt, sie wird noch staunen.

PERSPEKTIVEN

Es kämpft ein Mensch seit Jahr und Tag
mit dem Gewicht, Gott sei's geklagt,
doch dieses hält sich sehr hartnäckig,
der Mensch wird dadurch krank und zänkisch.

Einen anderen korpulenten Mann
ficht das Gewicht nur wenig an:
„Wenn Barren Gold du so viel hättest
wie du jetzt wiegst, wärst du gerettet.

Nimm dich doch einfach wie du bist,
und freu dich täglich am Gewicht,
wirst sehn, du bist ein froher Mann,
siehst gern dich auch im Spiegel an.

Ich sag' dir, geht's im Leben schiefe,
dann änderst du die Perspektive,
hör auf, dich ständig zu vergleichen
mit diesen magersüchtigen Leichen."

„Gold auf der Bank macht mich nicht glücklich",
so denkt der Mensch drauf höchst vergnüglich
und blickt mit Lust und voll Entzücken
auf die, die sich mit Hüftgold schmücken.

UPDATE

Ein Mensch, seit langer Zeit liiert
mit einem Weib, stark antiquiert,
beschließt beim Angeln und beim Fischen,
besagtes Weib hübsch aufzufrischen.

Denn sicher war es nicht verboten,
was ihm gelang bei den Kommoden,
zu testen an dem eignen Weib,
nicht nur zum Spaß und Zeitvertreib.

„Ein Update wär' bei dir vonnöten",
spricht er zur Frau, lässt sie erröten,
„mit Spachtelkitt und Politur
und Feinschliff nach der Prozedur.

Zur teuren Schönheitschirurgie
geht nur die feine Bourgoisie,
doch du, mein Weib, bist fein heraus,
hast den Restaurator gleich im Haus.

Denn Shabby-Look, das musst du wissen,
abgeblättert, stark verschlissen,
ist passé, drum sei gescheit,
keine Macht dem Zahn der Zeit!"

Der Mann sich mehr und mehr reinsteigert,
die Frau die Zustimmung verweigert:
„Wenn du die Sache so gut kannst,
dann fang mal bei dir selber an."

Darauf der Mann fast explodiert,
der Blutdruck steigt unkontrolliert,
und plötzlich, just an diesem Ort,
da tragen ihn die Englein fort.

DER OPTIMIST

Ein Mensch, seit vielen Jahren unbeweibt,
sich ganz dem Rasenkult verschreibt
und widmet sich wie nie zuvor
dem immergrünen Teppichflor.

Er treibt's mit Düngen, Wässern, Vertikutieren
bis zum Exzess auf allen vieren,
und weil auf Wachstum er erpicht,
er nächtens mit den Hälmchen spricht.

Und wie er flüstert, es ist kein Witz,
da hat er einen Geistesblitz:
„Ob – was die Hälmchen sprießen lässt,
vielleicht auch Härchen wachsen lässt,
dort oben, wo seit vielen Jahren
nur noch im Kränzchen sie sich scharen?"

Fortan viel Zeit er investiert,
sich balsamiert und malträtiert,
streut Dünger dort, wo in der Jugend
des Haares Wurzeln Früchte trugen.

Die Sonne auf die Glatze brennt,
unerbittlich, permanent,
doch dieser Mensch gibt längst nicht auf,
stülpt sich die Käseglocke drauf.

Und siehe da, man glaubt es kaum,
da ist er schon des Haares Flaum,
das Leben ist zwar wie es ist,
doch dieser Mensch ist Optimist.

DIE PFLANZENFRAU

Ein Mensch, nicht schön und auch nicht hässlich,
stets treu, sehr häuslich und verlässlich,
ganz ohne Extras und Vaganzen,
ein Weib im großen wie im ganzen,
wird von dem Mann, ganz unverhofft,
als Zimmerpflanze eingetopft.

Die Reize nur sehr spärlich sprießen,
denn dieser Mann vergisst zu gießen,
was er sein Lebtag hat versäumt,
die Pflanzenfrau sich kurz aufbäumt,
doch dann, man nennt es Psychomord,
ist sie im Pflanzentopf verdorrt.

SPRECHWERKZEUGE

„Bei Dampfplauderern und Quasselstrippen,
spitzen Zungen, schrägen Lippen,
die nur quasseln und nichts sagen,
dreht sich um bei mir der Magen.

Die Zahl der Worte macht es nicht,
nur die Substanz, die hat Gewicht",
so spricht ein Mensch und vornehm schweigt,
der Konversation stets abgeneigt.

Das Gegenstück, sein Eheweib,
sich gern mit Klatsch die Zeit vertreibt,
und redet dann, so Knall auf Fall,
drauflos fast wie ein Wasserfall.

Es plätschert, prasselt, brodelt, zischt,
der Speichel schäumt wie Meeresgischt,
und schon ist in dem Gesicht ganz schnell
ein zweiter, dritter Mund zur Stell.

Messerscharf die Worte fliegen,
lautstark sich im Gefecht bekriegen,
die Silben schwirren wild umher
wie Salven aus dem Sturmgewehr.

Der Ehemann zu Tod' erschrickt,
in Panik auf sein Weibe blickt,
das neben ihm sich kurz aufbäumt ...
Der Horror war zum Glück geträumt.

WAGNER-MANIE

Ein Mensch nicht gern Gefühle zeigt,
sie mehr versteckt, darüber schweigt
in seinem stillen Kämmerlein,
denn dieser Mensch, er lebt allein.

Nur in so manchen Situationen
lässt dieser Mensch den Emotionen,
die für die Seele sind Ballast,
ganz freien Lauf und ohne Hast.

Dann huldigt dem Musikgenie,
dem „Richard", er in „Wagner"-Manie,
gibt sich dem Meister hin zu Ehren,
taucht ein in rauschhaft höhere Sphären.

Frühmorgens der „Walkürenritt",
schon fühlt der Mensch sich jung und fit,
legt noch die „Götterdämmerung" nach.
„Dank Wotan dir, du machst mich wach!"

Stark involviert, zutiefst berührt,
der Mensch sich bei den Arien fühlt,
wenn Tristan und die Frau Isolde
nicht tun, was König Marke wollte.

Dann kann es gehn bis zum Exzess,
dem Liebestod, so more and less,
dass sich sein Innerstes bricht Bahn,
komplett entlädt im Wagner-Wahn.

Wenn Lohengrin im Brautgemach
mit Elsa in der Hochzeitsnacht
sich nie und nimmer lässt befragen,
dann platzt ihm oft sogar der Kragen.

Aus Wut der Tränenfluss dann rollt,
er diesem Helden furchtbar grollt,
weil er dem Weib sich strikt verweigert
und sie ins Unheil sich reinsteigert.

Benommen er durchs Zimmer taumelt,
die Seele jedoch leichthin baumelt
und fordert inständig ihn auf:
„Leg noch die Rheingold-Ouvertüre drauf!"

Der Mensch im Rausch des Klangs versinkt,
der Rhein pulsiert, erst leicht beschwingt,
dann hochdramatisch, voll in Fahrt,
so recht nach Richard-Wagner-Art.

Entspannung bringt der Drachentöter,
Held Siegfried, ein paar Stunden später,
voll Inbrunst wird laut mitgesungen
im hehren „Ring des Nibelungen".

„Musik ist für mich Therapie",
schluchzt Mensch beseelt, in Harmonie
ganz mit sich selbst und Wagner-Klängen.
„Dank Meister! Bin befreit von Zwängen."

TÜCKEN DER TECHNIK

Es freut ein Mensch sich auf den Drucker,
den er gekauft als armer Schlucker
gebraucht in einem Trödelladen
aus zweiter Hand, doch ohne Schaden.

Im Umgang mit ihm längst versiert,
nimmt er das Ding schnell in Betrieb,
Kontakt zum Netz, schon geht's auf „Start",
der Drucker – hm - kommt nicht in Fahrt.

Na ja, vielleicht braucht er Patronen,
ganz schnell hinein, es wird sich lohnen,
die Taste dann erneut gedrückt,
verdammt, die Technik spielt verrückt.

Es tut sich nichts, schnell Stecker raus
und wieder rein, prompt rastet aus
der Mensch, ist ja auch wirklich blöd,
wenn heut beim Drucker gar nichts geht.

Das fiese Stück lacht sich ins Fäustchen,
zeigt „Störung" an im Display-Häuschen,
der Mensch, allmählich selbst gestört,
dem Fehlkauf explosiv abschwört.

Im Rausch des Zorns, mit festem Griff,
packt er das Ding, es ist kein Bluff,
nimmt Anlauf, stößt drei Flüche aus
und schmeißt es kühn durchs Fenster raus.

Ein lauter Knall das Ohr betäubt,
der Mensch holt Luft, noch nichts bereut,
doch bald schon er die Krise kriegt,
das Ding ruiniert weit unten liegt.

Die Einsicht, sie kommt rasend schnell.
„Ich brauch ein Fenster auf der Stell.
Wo krieg' ich nur die Kohle her?"
Verflucht den Drucker jetzt noch mehr.

Eskalation ist angesagt,
PC das Opfer, hochbetagt,
der hält es aus, doch nicht der Schuh,
ein Nachbar denkt: „Wann ist denn Ruh?"

EINTRITT FREI

„Es gibt sie noch, die schönen Dinge",
so spricht ein Mensch zu seiner Inge
und streckt den Finger weit nach Osten
auf Dinge, die rein gar nichts kosten.

„Schau hin, dort geht sie auf, die Sonne,
mein Schatz, es ist die größte Wonne,
ein Schauspiel, bestens inszeniert,
noch dazu kostenlos serviert.

Und jede Nacht am Firmament
siehst du die Sterne ohne End,
kannst dir auch dort den Eintritt sparen,
umsonst im „Großen Wagen" fahren.

Ach, liebe Inge, glaube mir,
am schönsten ist's zuhause hier,
der Mensch ist dumm, wenn er verreist,
ich tu's schon lang nicht, wie du weißt.

Das Glück, es liegt in der Natur,
nicht im Museum, pfeif' auf die Kultur,
wer sein Gehalt will multiplizieren,
muss mit den Augen konsumieren."

Die Freundin lauscht mit viel Verdruss,
denkt sich, der Mensch hat einen Schuss,
und sagt: „Dein Credo klingt wie Ironie,
wenn du es verkaufst als Philosophie."

Und mit bedeutungsvollen Gesten
streckt sie den Finger weit nach Westen.
„Dort geht sie unter, deine Sonne,
schau hin, es ist die größte Wonne."

Dann macht sie auf dem Absatz kehrt,
wohlwissend, dies ist nicht verkehrt,
zeigt kess dem Mann die kalte Schulter,
umsonst, fährt dann zurück nach Fulda.

DAS SPRACHGEWISSEN

Ein Mensch, dem Sprache sehr geläufig,
die er studiert hat, darum häufig
und sicher mit ihr kann parlieren,
hasst Menschen, die sie malträtieren.

Als Sprachgewissen sich gebärdet
der Mensch, wenn er mit anderen redet,
reckt Daumen hoch, dann steil nach unten,
wenn ihm ein Satz erscheint misslungen.

Die Haare ihm zu Berge stehen,
wenn jemand schreibt so aus Versehen
den Dativ statt Akkusativ,
verweigert strikt den Genitiv.

Sehr oft ihm auch der Kragen platzt,
wenn einer das Gespräch verpatzt,
indem er spricht nur Dialekt,
der Mensch stöhnt auf: „Welch ein Defekt!"

Ob Plauderei, ob Diskussionen,
stets achtet er auf die Pronomen,
im Relativsatz ganz speziell:
„Nochmal von vorne! Auf der Stell!"

Die Reaktionen eskalieren,
der Mensch fängt an zu randalieren,
wenn er im Netz liest Kommentare,
die Flüche dann zum Himmel fahren.

Der sprachlich so perfekte Mann
bekommt Probleme irgendwann,
weil Menschen bei Gesprächen kneifen,
auf Kommunikation mit ihm oft pfeifen.

So kommt es, dass er nur noch spricht
ganz mit sich selbst, bei Nacht und Licht,
sehr einsam ist's um ihn herum,
der Mensch, er wird allmählich stumm.

GLÜCK IM UNGLÜCK

Ein Mensch, der außer Rand und Band,
geht mit dem Kopf durch eine Wand,
sehr übel steckt er dort nun fest
mit diesem Kopf, auch mit dem Rest.

„O welch Malheur! Tut mir so leid,
doch hab' ich leider keine Zeit",
so denkt manch einer, zieht den Hut,
„Geduld! Es wird schon alles wieder gut."

Die anderen gehen stumm vorbei,
der Mensch ist ihnen einerlei,
soll nur in dieser Klemme sitzen,
wer da hinein gerät, muss schwitzen.

Ein Grüppchen schnell sich um ihn schart.
„Ein Mensch von hinten, wie apart,
und ohne Kopf, sensationell,
macht mal ein Foto auf der Stell!"

Die Smartphones machen klick, klick, klick,
der Mensch hat wohl `nen Tick, klick, klick,
im Netz gibt es schon Follower,
ritsch ratsch zerrreißt sein Pullover.

Auch als der Mensch brüllt um sein Leben,
schaut man gern weg, so ist es eben.
„Hey Leute, hier gibt's was zu lachen!

Was macht denn der für dumme Sachen?"

Der Mensch verstummt, die Wand stürzt ein,
er ist befreit von Angst und Pein,
geht seines Wegs, schaut nicht zurück
und denkt:
„Im Unglück braucht der Mensch viel Glück."

PRINZIPIENTREUE

Ein Mensch beschließt am Donnerstag,
nie mehr zu tun, was er nicht mag,
setzt das Prinzip am Freitag um,
wehrt Fragen ab nach dem Warum.

Das Laufen, das ihm stets zuwider,
er macht's nochmal und dann nie wieder,
denn Sport ist Mord im schlimmsten Fall,
die Abschaffung nur rational.

Der Samstag geht im Flug vorbei,
der Mensch fühlt sich ganz leicht und frei,
kriecht hin zur Couch, macht sich's gemütlich,
tut sich an leckeren Häppchen gütlich.

Am Sonntag, diesem Ruhetag,
wie schon der Name treffend sagt,
wird das Ritual intensiviert,
die Flimmerkiste aktiviert.

Prinzipientreu und konsequent
gibt's tags darauf ein Happy End,
der Mensch die Arbeit prompt aufkündigt,
hat sich gar oft an ihr versündigt.

Vom Bett zum Tisch, vom Tisch zum Bett,
wie ist das Leben plötzlich nett,
auch Dienstag ist es noch ein Spaß,
der Mensch macht sich nicht mal mehr nass.

Der Mittwoch ganz normal beginnt,
der Mensch im Bett sich kurz besinnt,
welch Wochentag wohl heut ansteht,
egal, sich auf die andere Seite dreht.

Im Geiste er nun zieht Bilanz:
„Es ist noch nichts so gar und ganz,
vielleicht fehlt es an Perfektion,
doch nur Geduld, ich krieg sie schon.“

SCHWERE BÜRDE

Ein Mensch sorgt sich auf dieser Welt
um nichts so sehr wie um das Geld,
trägt es auch stets mit sich herum,
denn dieser Mensch ist ja nicht dumm.

Er hat sie gern die Münzen, Scheine,
und wenn er abends ist alleine,
zählt er mit Lust und großer Freud',
was er geschafft durch Sparsamkeit.

Und weil der Mensch ein Glückspilz ist,
das Lottospiel auch nie vergisst,
kommt es am End, wie's kommen muss,
der Mensch hat Geld im Überfluss.

Doch nun erschrickt der weise Mann,
weil er das Geld nicht tragen kann,
beschließt darum, es zu verschenken,
denn sollt' er sich deshalb verrenken?

DER LIEBESAKT

Es wird ein Mensch nur wirklich froh
im Zwei-Drei-Sterne-Restaurant,
mit Leib und Seel' er darauf steht,
weil Liebe durch den Magen geht.

Zum Auftakt dieser Liebesfete
lechzt er nach Leber-Stopfpastete,
erweist dem Kaviar Reverenz,
da er hochdienlich der Potenz.

Coquilles St. Jacques auf Blattspinat,
das Liebesspiel kommt rasch in Fahrt,
Wachtelbrüstchen auf Choucroute,
jawohl, der Libido tut's gut.

Pilzrisotto an Limonen
erobert erogene Zonen,
als Zwischengang ein Zimtparfait,
mit Schaumwein, danach Crème brulée.

Des Küchengurus Raffinesse,
die scharf gewürzte Bouillabaisse,
schafft Wärme in der Lendengegend,
die Atmung danach hocherregend.

Man dann die Ente zelebriert,
der Gaumen wollüstig vibriert,
die Hand am Glas, sooft es geht,
derweil der Leib sich bläht und bläht.

Der Mensch den Höhepunkt anstrebt,
beim Blickkontakt schon stark erbebt,
Lachs-Zander-Strudel mit viel Dill
er nun mit Lust verspeisen will.

Zum Ausklang „Mousse au chocolat",
serviert mit einem „o la la",
orgasmusartig hört man schmachten:
„Das Ding, es ist nicht zu verachten."

Als Ausdruck höchster Liebeslust
entweicht ein Rülpser aus der Brust,
der Mensch darob total von Sinnen,
würd' gleich nochmal von vorn beginnen.

Doch beim Holunderblüteneis,
das er genießt, noch von nichts weiß,
im Glücksrausch er zusammensackt,
vorbei ist er – der Liebesakt.

GRAUE MAUS

Ein Mensch nur eine Farbe kennt,
Mausgrau, von Asche bis Zement,
dies wär' Erwähnung wohl kaum wert,
wär' die Entscheidung nicht verkehrt.

In grauer Kluft fest eingeigelt,
sichtbar sein Inneres widerspiegelnd,
zeigt Mensch, wie er sich wirklich fühlt,
an Leib und Seele und Gemüt.

Er mehr und mehr sich drin versteckt,
nur leise seufzt, wenn man ihn neckt,
ein armes Ich, in sich gefangen,
getrübt der Blick, sehr bleich die Wangen.

Im Lauf der Zeit er ganz verschwindet,
da sich das Oberteil verbindet
zunehmend mit dem Untendrunter,
der Mensch, er geht im Müllsack unter.

ABWÄGUNG

Ein Mensch sich gerne damit brüstet,
dass ihn nach Ehe nicht gelüstet,
drückt stets sich um die Zweisamkeit,
lebt gut mit sich in Einigkeit.

Die Jahre geh'n, er zieht Bilanz,
stellt fest für sich beim Tangotanz,
dass so ein Weib könnt' ihm erhellen
des Daseins Frust, auch im speziellen.

Sehr nüchtern er nun kalkuliert,
ob sich die Anschaffung rentiert,
Preis, Leistung, er sehr klug abwägt,
prüft, ob die Sache sich auch trägt.

Was wird das Objekt mich kosten?
Wird es bei Gebrauch nicht rosten?
Wenn ja, kann ich es reklamieren,
den Kauf nach Jahren annullieren?

Und wäre nach dem Steuerrecht
die Abschreibung nicht auch gerecht?
Als Altersversorgung ganz und gar
wär' so ein Weib doch wunderbar.

Der Mensch sich fast das Hirn zerbricht,
hält selber über sich Gericht,
erkennt schon bald mit einem Schlag:
„Es geht nicht ohne Ehevertrag."

DAS TASTENGENIE

Ein Mensch, der musikalisch ist,
geht seinen Weg als Pianist,
der ruhmbekränzt und leicht beschwingt
ihn oftmals auf die Palme bringt.

Kaum schlägt er an die weißen Tasten,
da hört er schon die sehr verhassten
Geräusche aus dem Publikum.
O bliebe es doch einmal stumm!

Doch nein, es hustet, niest, welch eine Qual,
Rachmaninoff stöhnt auf im Saal,
prompt wird aus „pianissimo"
ganz ungebremst „fortissimo".

Mozart, Schubert, die Romantik,
er spielt sie oft ganz grob und kantig,
wenn sich ins Allegretto mischt
ein Hustenlaut, der nicht erlischt.

So geht es auch mit den Sonaten,
bei Turbulenzen sie entarten,
„legato" dann spontan mutiert
zu „staccato", gänzlich unkontrolliert.

Des Künstlers Feind ist die Bronchitis,
noch schlimmer als die Sinusitis,
sie bringt zum Einsturz alle Noten,
die Lösung wär: Eintritt verboten.

Das Publikum stets Beifall zollt,
dem Tastenkünstler niemals grollt.
„Wie fanden Sie die Interpretation?"
„Einfach genial! Und sehr, sehr ungewohnt."

EIN MANN VON WELT

„Es ist noch nichts komplett verloren",
so spricht ein Mensch, zum Gentleman geboren,
und sucht nach einem Accessoire,
das ihm verleiht mehr Charisma.

„Wie wär's, wenn ich es mach wie Karl,
der Lagerfeld von dazumal,
der sich sehr gern mit Fächern schmückte,
und seine Fans damit entzückte?"

Prompt wird gemacht die Investition,
der Mensch ist selig, fühlt sich schon
als Monsieur Karl, als Mann von Welt,
spricht viel von Mode und von Geld.

Schon morgens nimmt er ihn zur Hand
den Fächer, wedelt sehr galant
mit allen Sinnen und betört
manch schöne Frau, die ihn begehrt.

Der Fächer ist des Menschen Zier,
erst hat er zwei, dann drei, dann vier,
ob bunt bemalt, bedruckt, plissiert,
er stets sich damit dekoriert.

So geht es fort und nimmt kein Ende,
reich tapeziert sind alle Wände
von Rokoko bis Jugendstil,
der Fächersammler heißt Emil.

Er zum Verwechseln ähnlich sieht
dem Original, das in ihm blüht,
die schwarze Brille auf der Stirn,
gekleidet stets in Edelzwirn.

„Wenn ich noch ein Symbol jetzt hätte,
so eine Katze wie Choupette,
dann wär' mein Status absolut,
nur hab' mit Mode ich nichts am Hut."

So spricht der Mensch und strebt nach oben,
schreibt sich Karls Credo hinter die Ohren:
„Wirf alles Geld zum Fenster raus,
dann kommt's zur Türe rein zuhauf."

LEICHTIGKEIT DES SEINS

Ein Mensch, im Leben oft tieftraurig,
weil dieses für ihn allzu schaurig,
gönnt sich am Tag als höchstes Glück
mehrfach ein Schokoladenstück.

Wenn dieses schmilzt so peu á peu
in seinem Mund wie Eis und Schnee,
sieht er die Welt in anderem Lichte,
mehr rosarot, nicht mehr so triste.

Das Herz, das sonst wie zugeschnürt,
vor Wonne, Lust fast explodiert,
schwebt froh dahin in Harmonie,
denn Confiserie ist Psychotherapie.

Sein Schicksal er nun besser meistert,
nicht mehr frustriert durchs Leben geistert,
nur einmal kehrt in Apathie
zurück die längst besiegte Melancholie.

„Ach Gott!" denkt Mensch, „es ist so weit,
ab heut schon wieder Fastenzeit,
will ich als Mensch nicht untergeh'n,
muss ich die Prüfung wohl besteh'n."

Zwei Wochen lang er sich kasteit,
doch das Gemüt es nicht verzeiht,
schlägt jeden Morgen schon Alarm:
„Her mit Kakao, kalt oder warm!"

Der Mensch kann kaum mehr dies ertragen,
hört wieder mehr auf seinen Magen.
„Das Leben ist doch viel zu kurz,
aus und vorbei, mit Verzicht ist Schluss!"

SPIEGLEIN, SPIEGLEIN

Ein Mensch den Spiegel täglich meidet,
da unter Hässlichkeit er leidet,
die schon gelegt ihm in die Wiege
von seiner Mutter Friederike.

Ein anderer sich am Anblick weidet,
den dieser Spiegel ihm bereitet,
die Schönheit liegt in der Familie,
vererbt von Großmama Ottilie.

Doch mit den Jahren schnell entschwindet
die Schönheit, die der Mensch nicht findet
in diesem Ding, das er nun hasst,
weil ihm das Spiegelbild nicht passt.

Der andere sich dagegen freut,
den Spiegel schätzt und nicht mehr scheut,
denn Hässlichkeit, das ist bekannt,
wird mit dem Alter interessant.

Der Spiegel selbst es nicht versteht,
wenn alles sich um Schönheit dreht,
ob Mann, ob Frau, ob Jung, ob Alt,
die Schönheit lässt den Spiegel kalt.

GESCHÜTTELT, NICHT GERÜHRT

Es schwört ein Mensch mit Willenskraft
frühmorgens auf Tomatensaft,
der laut Gesundheits-Katechismus
sehr gut sei für den Organismus.

Klammheimich, wenn es keiner merkt,
er noch mit Gin den Taste verstärkt,
damit – geschüttelt, nicht gerührt –
den Kick man in den Adern spürt.

Kein Soft-Drink soll die Kehle putzen,
daher noch Knoblauch, weil von Nutzen,
Kurkuma, Pfeffer, Zimt, Muskat,
ganz kurz genippt – schmeckt noch zu fad.

Gesichtsausdruck hoch konzentriert,
der Mensch den Ingwer fein püriert,
wohlwissend dass, ins Glas gefüllt,
er freie Radikale killt.

Erneut geschüttelt, nicht gerührt,
James Bond sich hier die Ehre gibt,
noch Chilipulver, eine Prise,
als Waffe in der Midlife-Krise.

Selen und Zink als Lutschtablette,
geschlossen ist die Nahrungskette,
nochmals geschüttelt, nicht gerührt,
das Ende naht, man es schon spürt.

Der Mensch voll auf Gesundheit steht,
doch nun es um Bewährung geht,
schnell Augen zu, nicht nur genippt,
und alles in den Hals gekippt.

Hut ab vor dem, der diszipliniert
das Ritual streng absolviert,
und, vom Gesundheitswahn verführt,
so manches Zeug hinunterwürgt.

IM AUGE DES BETRACHTERS

„Ist das Kunst oder kann das weg?"
fragt sich ein Mensch und starrt auf Dreck,
der aufgetürmt, hübsch arrangiert
den größten Teil des Bodens ziert.

„Ganz zweifellos ist dieses Kunst,
wer dies verneint, hat keinen Dunst,
ein Stapel Müll, sehr hoch und breit,
es ist der Spiegel unserer Zeit."

„Wenn Müll zu Haus' man produziert
und lässt ihn liegen ungeniert,
ist dies dann Kunst genau wie hier,
verehrter Herr, was meinen Sie?"

„Unrat zu Hause Unrat ist,
im Museum ihn die Muse küsst,
der Standort das Kriterium ist,
ob Unrat Kunst ist oder nicht."

So spricht der Mensch und stellt sich quer
vor diesen Dreck, millionenschwer.
„Das Werk, es will zwar amüsieren,
doch auch das Auge provozieren."

Und wie, von Ehrfurcht stark geprägt,
er vor dem heiligen Kunstmüll steht,
macht unbedacht er einen Schritt
und dieses Werk spontan betritt.

O Schreck, der Dreck, gut konstruiert,
stürzt ein, der Mensch, total blamiert,
sich spendet Trost: „Bin top versichert!"
Ein Kind schaut zu, verstohlen kichert.

„Der Vorfall ist cool eingeplant",
so spricht ein Mensch mit Sachverstand,
„Performance nennt man heut' den Spuk,
Kunst ist vor allem Lug und Trug."

BITTERE ERKENNTNIS

„Am schlimmsten ist die Einsamkeit,
die Einsamkeit zu zweit,
sie liegt mir auf der Seele",
so spricht ein Mensch, beklagt sein Leid
mit seinem Weib Adele.

„Am schlimmsten ist Sprachlosigkeit,
Sprachlosigkeit zu zweit,
sie ist kaum zu ertragen,
so spricht ein Paar, total entzweit,
sich nichts mehr hat zu sagen.

„Am schlimmsten ist Kaltherzigkeit,
Kaltherzigkeit zu zweit,
sie geht mir an die Nieren",
so spricht ein Mensch zur Sommerzeit,
und fängt gleich an zu frieren.

„Am schlimmsten ist Gleichgültigkeit,
Gleichgültigkeit zu zweit,
sie bohrt sich mir ins Herz",
so spricht ein Mensch im Seidenkleid,
empfindet tiefsten Schmerz.

„Am schlimmsten ist Lieblosigkeit,
Lieblosigkeit zu zweit,
sie macht uns Menschen krank",
so denken Menschen allezeit
und wissen es – Gott sei Dank.

SO SPRICHT EIN MENSCH

Jeder ist jemand,
niemand ist niemand,
alle sind viele,
formuliert eure Ziele!
Tut, was ihr sollt
und nicht, was ihr wollt!

Steht auf, ihr Milliarden,
und mischt neu die Karten!
Jeder ist jemand,
niemand ist niemand,
alle sind viele,
steckt hoch eure Ziele!

Entfaltet Visionen,
anstatt Illusionen,
glaubt an das Gute
jede Minute,
lebt füreinander,
liebet einander,
alle sind viele,
vertagt nicht die Ziele!

Lasst euch nicht treiben,
die Erde wird bleiben,
alle sind gleich,
ob schwarz oder weiß,
jeder ist jemand,
niemand ist niemand,
alle sind viele,
vergesst nicht die Ziele!

Seid nah bei Gott,
schmäht Hass und Spott,
das Herz, es muss sprechen,
ihr dürft es nicht brechen,
jeder ist jemand,
niemand ist niemand,
alle sind viele,
verschlaft nicht die Ziele!

INHALT

FSC
www.fsc.org
MIX
Papier | Fördert
gute Waldnutzung
FSC® C083411

Zeitfracht Medien GmbH
Ferdinand-Jühlke-Straße 7
99095 Erfurt, Deutschland
produktsicherheit@kolibri360.de